maktab - мактаб	2
sayohat - саёҳат	5
transport - транспорт	8
shahar - шаҳар	10
manzara - манзара	14
restoran - ресторан	17
supermarket - супермаркет	20
ichimliklar - ичимликлар	22
taom - таом	23
chorvachilik xo'jaligi - чорвачилик хўжалиги	27
uy - уй	31
mehmonxona - меҳмонхона	33
oshxona - ошхона	35
vannaxona - ваннахона	38
bolalar xonasi - болалар хонаси	42
kiyim - кийим	44
idora - идора	49
iqtisod - иқтисод	51
kasblar - касблар	53
asboblar - асбоблар	56
musiqa asboblari - мусиқа асбоблари	57
hayvonot bog'i - ҳайвонот боғи	59
sport o'yinlari - спорт ўйинлари	62
mashg'ulot - машғулот	63
oila - оила	67
tana - тана	68
shifoxona - шифохона	72
tez yordam - тез ёрдам	76
yer - Ер	77
soat - соат	79
xafta - хафта	80
yil - йил	81
shakllar - шакллар	83
ranglar - ранглар	84
qarama-qarshi ma'noli so'zlar - қарама-қарши маъноли сўзлар	85
raqamlar - рақамлар	88
tillar - тиллар	90
kim / nima / qanday - ким / нима / қандай	91
qayerda - қаерда	92

Impressum
Verlag: BABADADA GmbH, Nedderfeld 112 , 22529 Hamburg
Geschäftsführer / Verlagsleitung: Harald Hof
Druck: Books on Demand GmbH, In de Tarpen 42, 22848 Norderstedt

Imprint
Publisher: BABADADA GmbH, Nedderfeld 112 , 22529 Hamburg, Germany
Managing Director / Publishing direction: Harald Hof
Print: Books on Demand GmbH, In de Tarpen 42, 22848 Norderstedt, Germany

maktab
мактаб

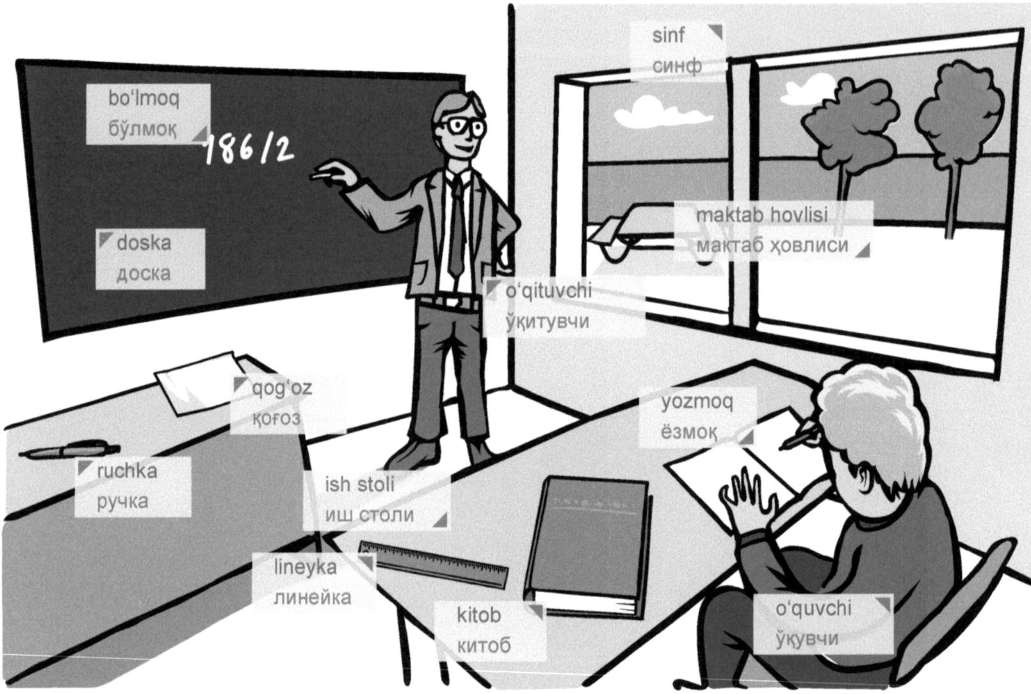

osma sumka

осма сумка

qalamdon

қаламдон

qalam

қалам

qalam uchlagich

қалам учлагич

o'chirgich

ўчиргич

rasm albomi

расм албоми

chizmachilik
чизмачилик

boʻyoq choʻtka
бўёқ чўтка

boʻyoqdon
бўёқдон

qaychi
қайчи

yelim
елим

mashgʻulot daftari
машғулот дафтари

uy ishi
уй иши

raqam
рақам

qoʻshmoq
қўшмоқ

ayirmoq
айирмоқ

koʻpaytirmoq
кўпайтирмоқ

sanamoq
ҳисобламоқ

xat
хат

alifbo
алифбо

soʻz boyligi
сўз

maktab - мактаб

matn

матн

o'qimoq

ўқимоқ

bo'r

бўр

dars

дарс

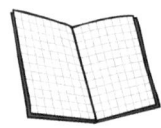

jurnal

журнал

imtihon

имтиҳон

guvohnoma

гувоҳнома

maktab formasi

мактаб формаси

ta'lim

таълим

qomus

қомус

oliygoh

олийгоҳ

mikroskop

микроскоп

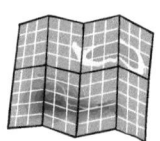

xarita

харита

urna

урна

maktab - мактаб

sayohat
саёҳат

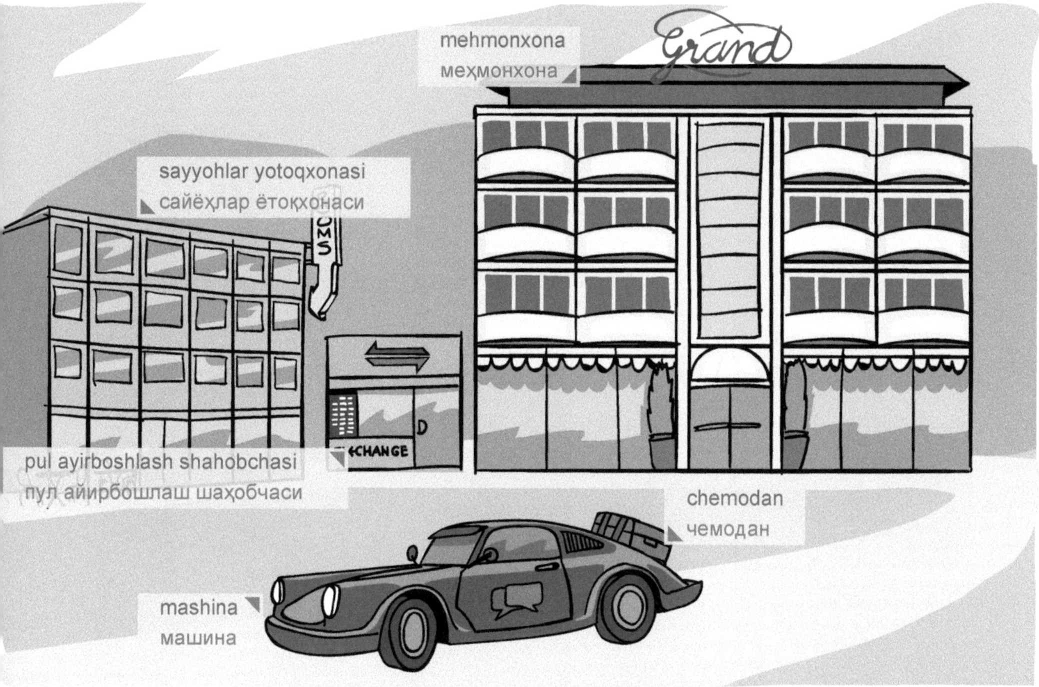

mehmonxona
меҳмонхона
Grand
sayyohlar yotoqxonasi
сайёҳлар ётоқхонаси
pul ayirboshlash shahobchasi
пул айирбошлаш шаҳобчаси
CHANGE
chemodan
чемодан
mashina
машина

til

тил

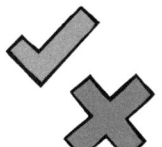

ha / yoʻq

ҳа / йўқ

Xoʻp

Хўп

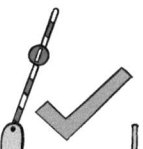

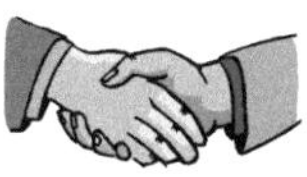

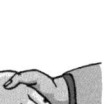

salom

салом

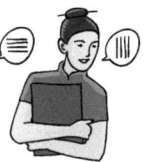

tarjimon

таржимон

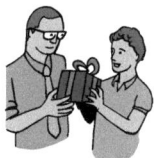

Raxmat

Раҳмат

necha pul...?

неча пул...?

Tushunmadim

Тушунмадим

muammo

муаммо

Xayrli kech!

Хайрли кеч!

Xayrli tong!

Хайрли тонг!

Xayrli tun!

Хайрли тун!

ko'rishguncha

кўришгунча

yo'nalish

йўналиш

yo'lovchi yuki

йўловчи юки

safarxalta

сафархалта

yuk xalta

юк халта

mehmon

меҳмон

xona

хона

uyquqop

уйқуқоп

palatka

чодир

sayohat - саёҳат

sayohlarga ma'lumot berish stoli

саёҳларга маълумот бериш столи

plyaj

пляж

omonat karta

омонат карта

nonushta

нонушта

nonushta

нонушта

kechki ovqat

кечки овқат

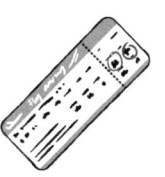

chipta

чипта

lift

лифт

marka

марка

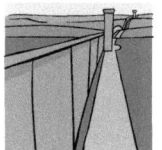

chegara

чегара

bojxona

божхона

elchixona

элчихона

viza

виза

pasport

паспорт

sayohat - саёҳат

transport
транспорт

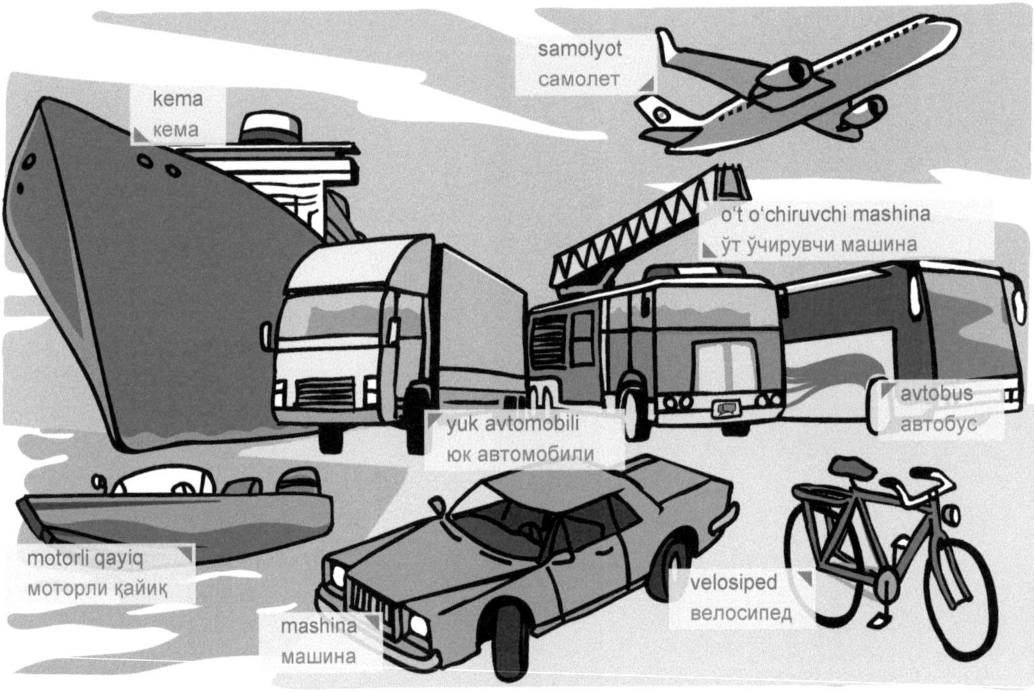

samolyot
самолет

kema
кема

o't o'chiruvchi mashina
ўт ўчирувчи машина

avtobus
автобус

yuk avtomobili
юк автомобили

motorli qayiq
моторли қайиқ

mashina
машина

velosiped
велосипед

solsimon yassi kema

солсимон ясси кема

qayiq

қайиқ

mototsikl

мотоцикл

posbon mashinasi

посбон машинаси

poyga mashinasi

пойга машинаси

kiraga olingan avtoulov

ижарага олинган автоулов

avtoijara

автоижара

shatakka oluvchi yuk avtomobili

шатакка олувчи юк автомобили

axlat mashinasi

ахлат машинаси

motor

мотор

yoqilg'i

ёқилғи

yoqilg'i quyish shahobchasi

ёқилғи қуйиш шаҳобчаси

yo'l belgisi

йўл белгиси

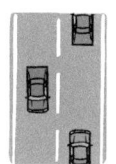

yo'l harakati

йўл ҳаракати

tirband

тирбанд

avtomobil to'xtab turish joyi

автомобил тўхтаб туриш жойи

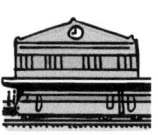

poyezd bekati

поезд бекати

rels

рельс

poyezd

поезд

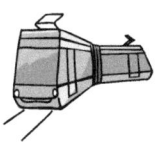

tramvay

трамвай

vagon

вагон

transport - транспорт

vertolyot

вертолёт

aeroport

аэропорт

minora

минора

yo'lovchi

йўловчи

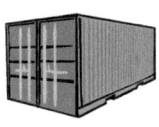

konteyner

контейнер

qog'oz quti

қоғоз қути

aravacha

аравача

savat

сават

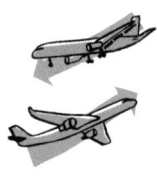

uchmoq / qo'nmoq

учмоқ / қўнмоқ

shahar
шаҳар

qishloq

қишлоқ

shahar markazi

шаҳар маркази

uy

уй

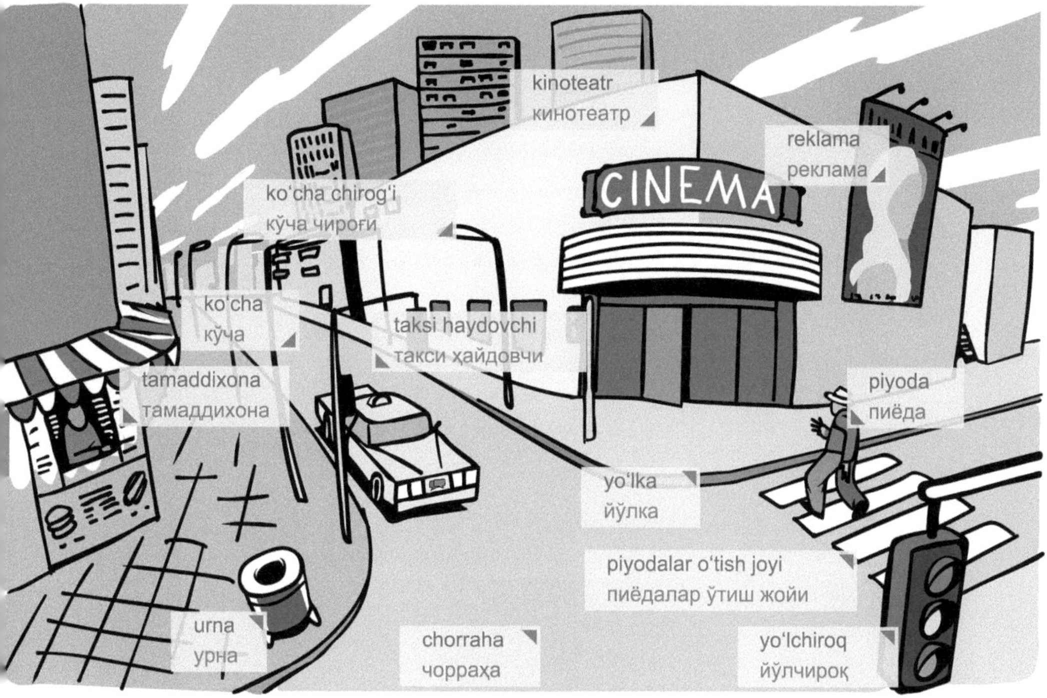

kulba
кулба

kvartira
квартира

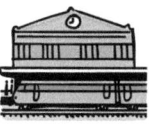

poyezd bekati
поезд бекати

mahalliy hokimiyat binosi
маҳаллий ҳокимият биноси

muzey
музей

maktab
мактаб

shahar - шаҳар

oliygoh

олийгоҳ

bank

банк

shifoxona

шифохона

mehmonxona

меҳмонхона

dorixona

дорихона

idora

идора

kitob do'koni

китоб дўкони

do'kon

дўкон

gul do'koni

гул дўкони

supermarket

супермаркет

bozor

бозор

univermag

универмаг

baliq do'koni

балиқ дўкони

savdo markazi

савдо маркази

bandargoh

бандаргоҳ

istirohat bog'i
истироҳат боғи

bank
банк

ko'prik
кўприк

zinapoya
зинапоя

metro
метро

yer osti yo'li
ер ости йўли

avtobus bekati
автобус бекати

bar
бар

restoran
ресторан

pochta qutisi
почта қутиси

ko'cha yozuv osma taxtasi
кўча ёзув осма тахтаси

to'xtab turish vaqtini hisoblagach
тўхтаб туриш вақтини ҳисоблагич

hayvonot bog'i
ҳайвонот боғи

basseyn
бассейн

masjid
масжид

shahar - шаҳар

chorvachilik xo'jaligi
чорвачилик хўжалиги

atrof-muhit ifloslanishi
атроф-муҳит ифлосланиши

qabriston
қабристон

ibodatxona
ибодатхона

bolalar o'yingohi
болалар ўйингоҳи

ehrom
эҳром

manzara
манзара

vodiy
водий

qir
қир

ko'l
кўл

o'rmon
ўрмон

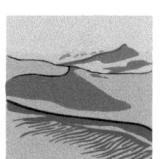
cho'l
чўл

vulkan
вулкан

qal'a
қалъа

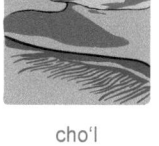
kamalak
камалак

qo'ziqorin
қўзиқорин

palma daraxti
пальма дарахти

pashsha
пашша

chivin
чивин

chumoli
чумоли

asalari
асалари

o'rgimchak
ўргимчак

manzara - манзара

qo'ng'iz

қўнғиз

qurbaqa

қурбақа

olmaxon

олмахон

tipratikon

типратикон

quyon

қуён

ukki

укки

qush

қуш

oqqush

оққуш

erkak cho'chqa

эркак чўчқа

bug'u

буғу

butoq shohli kiyik

бутоқ шоҳли кийик

to'g'on

тўғон

shamol generatori

шамол генератори

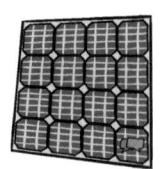

quyosh batareyasi

қуёш батареяси

iqlim

иқлим

restoran
ресторан

- ofitsiant / официант
- taomnoma / таомнома
- stul / стул
- sho'rva / шўрва
- pitstsa / пицца
- oshxona anjomlari / ошхона анжомлари
- dasturxon / дастурхон

gazak — газак

asosiy taom — асосий таом

desert — десерт

ichimliklar — ичимликлар

taom — таом

butilka — бутилка

restoran - ресторан   17

tez pishar taom

тез пишар таом

ko'cha taomi

кўча таоми

choynak

чойнак

shakardon

шакардон

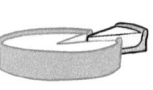

portsiya

порция

espresso kofe mashinasi

эспрессо кофе машинаси

bolalar kursichasi

болалар курсичаси

hisob

ҳисоб

lagan

лаган

pichoq

пичоқ

sanchqi

санчқи

qoshiq

қошиқ

choy qoshiq

чой қошиқ

qo'l sochiq

қўл сочиқ

stakan

стакан

restoran - ресторан

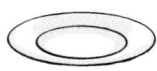

likop

ликоп

sho'rva kosa

шӱрва коса

taqsimcha

тақсимча

qayla

қайла

tuzdon

туздон

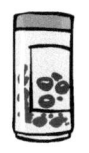

qalampir yanchgich

қалампир янчгич

sirka

сирка

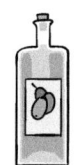

yog'

ёғ

ziravorlar

зираворлар

ketchup

кетчуп

xantal

хантал

mayonez

майонез

restoran - ресторан

supermarket
супермаркет

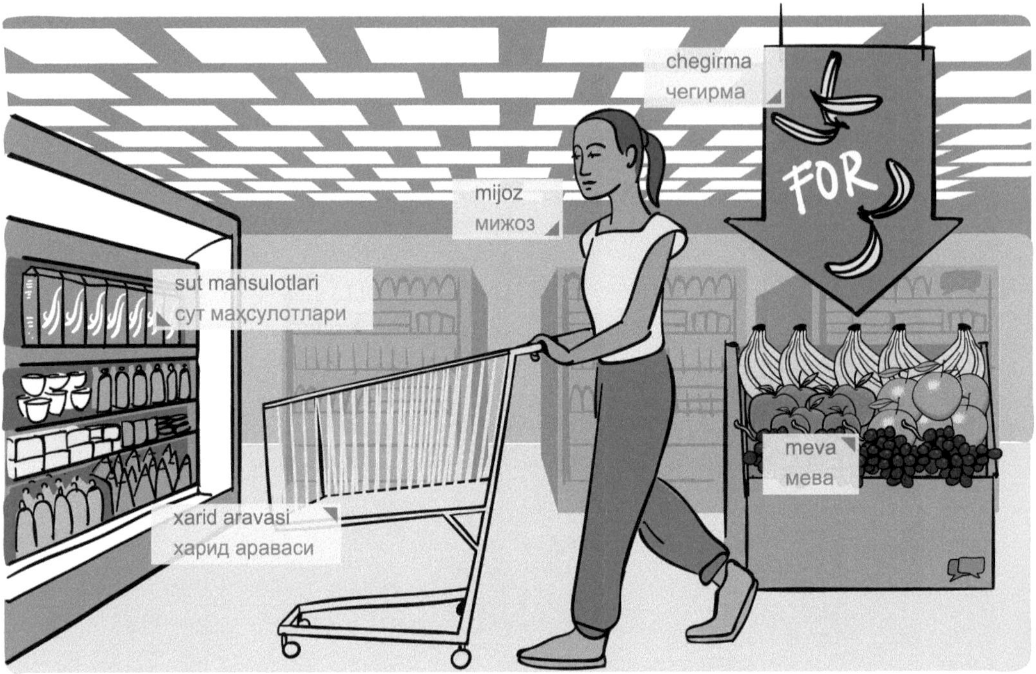

chegirma
чегирма
FOR
mijoz
мижоз
sut mahsulotlari
сут маҳсулотлари
meva
мева
xarid aravasi
харид араваси

BUTCHERS

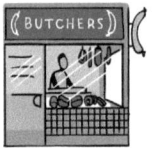

qassobxona

қассобхона

BAKERY

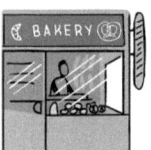

nonvoyxona

нонвойхона

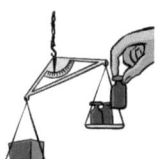

tarozida o'lchamoq

тарозида ўлчамоқ

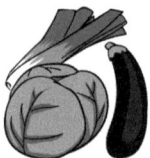

sabzavot

сабзавот

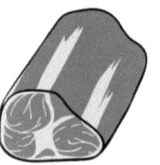

go'sht

гўшт

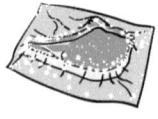

muzlatilgan taomlar

музлатилган таомлар

yaxna goʻsht

яхна гўшт

konserva

консерва

kir yuvish vositasi

кир ювиш воситаси

shirinliklar

ширинликлар

kundalik isteʼmol taomlari

кундалик истеъмол моллар

yuvish vositalari

ювиш воситалари

sotuvchi

сотувчи

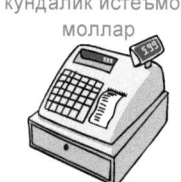

kassa

касса аппарати

kassachi

ғазначи

xarid roʻyxati

харид рўйхати

ish vaqti

иш вақти

hamyon

ҳамён

omonat karta

омонат карта

xalta

халта

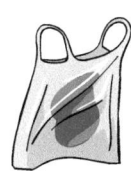

tsellofan xalta

целлофан халта

supermarket - супермаркет

ichimliklar
ичимликлар

suv
сув

sharbat
шарбат

sut
сут

koka-kola
кока-кола

vino
вино

pivo
пиво

spirtli ichimlik
спиртли ичимлик

kakao
какао

choy
чой

kofe
кофе

espresso
эспрессо

kapuchino
капучино

taom
таом

banan

банан

olmaxon

олмахон

apelsin

апельсин

qovun

қовун

limon

лимон

sabzi

сабзи

sarimsoq

саримсоқ

bambuk

бамбук

piyoz

пиёз

qo'ziqorin

қўзиқорин

yong'oq

ёнғоқ

lag'mon

лағмон

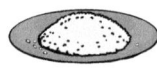

spagetti
спагетти

guruch
гуруч

salat
салат

kartoshka-fri
картошка-фри

qovurilgan kartoshka
қовурилган картошка

pitstsa
пицца

gamburger
гамбургер

sendvich
сэндвич

to'qmoqlangan to'sh qiymasi
тўқмоқланган тўш қиймаси

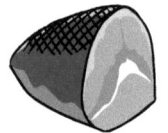

dudlangan cho'chqa go'shti
дудланган чўчқа гўшти

salyami kolbasasi
салями колбасаси

sosiska
сосиска

tovuq go'shti
товуқ гўшти

qovurilgan
қовурилган

baliq
балиқ

taom - таом

suli boʻtqasi

сули бўтқаси

myusli

мюсли

makkajoʻxori yormasi

маккажўхори ёрмаси

un

ун

frantsuz bulochkasi

француз булочкаси

bulochka

булочка

non

нон

qizartirilgan non burdasi

қизартирилган нон бўлаги

pishiriq

пишириқ

sariyogʻ

сариёғ

tvorog

творог

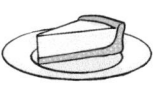

pirog

пирог

tuxum

тухум

qovurilgan tuxum

қовурилган тухум

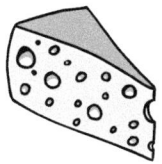

pishloq

пишлоқ

taom - таом

muzqaymoq	shakar	asal
музқаймоқ	шакар	асал

murabbo	shokolad pastasi	zarchava
мураббо	шоколад пастаси	зарчава

chorvachilik xoʻjaligi
чорвачилик хўжалиги

dehqon uyi
деҳқон уйи

pichanxona
пичанхона

poxol tuguni
похол тугуни

dala
дала

ot
от

tirkama
тиркама

qulun
қулун

traktor
трактор

eshak
эшак

qoʻzi
қўзи

qoʻy
қўй

echki
эчки

sigir
сигир

buzoq
бузоқ

choʻchqa
чўчқа

choʻchqa bolasi
чўчқа боласи

buqa
буқа

g'oz
ғоз

o'rdak
ўрдак

jo'ja
жўжа

tovuq
товуқ

xo'roz
хўроз

kalamush
каламуш

mushuk
мушук

sichqon
сичқон

ho'kiz
ҳўкиз

it
ит

katalak
каталак

hovli bog' shlangi
ҳовли боғ шланги

gulchelak
гулчелак

belo'roq
белўроқ

temir omoch
темир омоч

chorvachilik xo'jaligi - чорвачилик хўжалиги

qo'loʻroq

қўлўроқ

chopqi

чопқи

panshaxa

паншаха

bolta

болта

gʻaltakarava

ғалтакарава

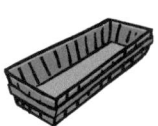

oxur

охур

sut bidoni

сут бидони

toʻrva

тўрва

panjara

панжара

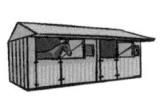

ogʻilxona

оғилхона

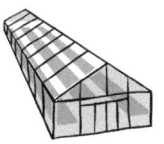

issiqxona

иссиқхона

tuproq

тупроқ

urugʻ

уруғ

oʻgʻit

ўғит

kombayn

комбайн

chorvachilik xoʻjaligi - чорвачилик хўжалиги

hosil olmoq

ҳосил олмоқ

yig'im-terim

йиғим-терим

yams

ямс

bug'doy

буғдой

soya

соя

kartoshka

картошка

makkajo'xori

маккажўхори

raps urug'i

рапс уруғи

mevali daraxt

мевали дарахт

maniok

маниок

yorma

ёрма

uy
уй

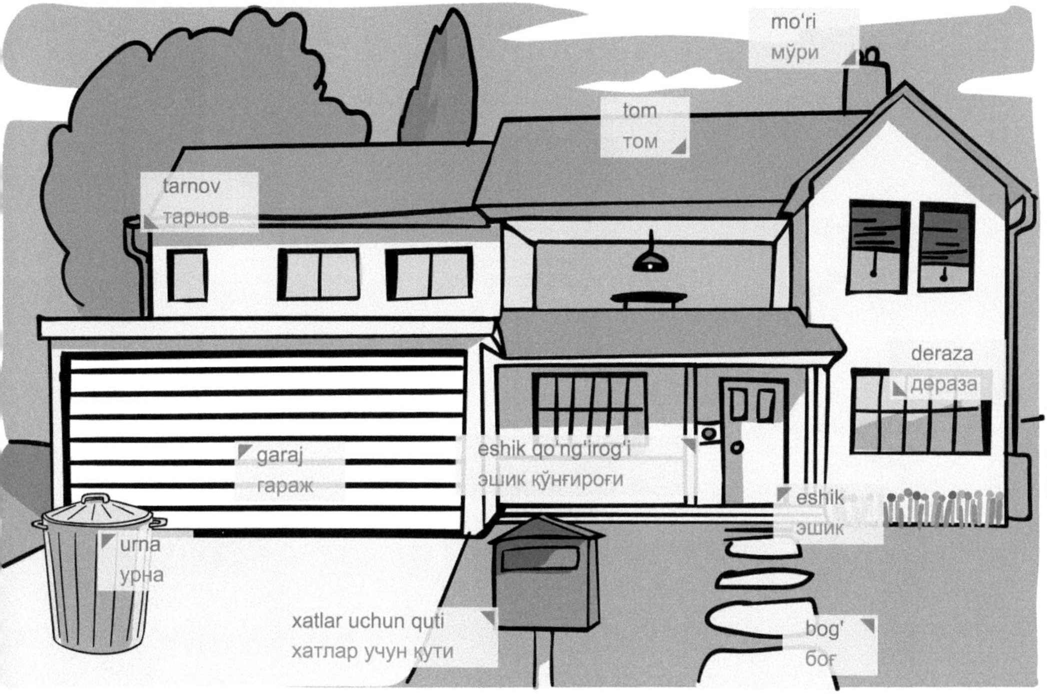

- mo'ri / мўри
- tom / том
- tarnov / тарнов
- deraza / дераза
- garaj / гараж
- eshik qo'ng'irog'i / эшик қўнғироғи
- eshik / эшик
- urna / урна
- xatlar uchun quti / хатлар учун қути
- bog' / боғ

mehmonxona
меҳмонхона

vannaxona
ваннахона

oshxona
ошхона

yotoqxona
ётоқхона

bolalar xonasi
болалар хонаси

oshxona
ошхона

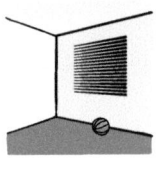

pol

пол

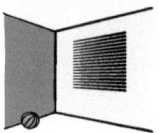

devor

девор

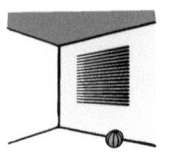

ship

шип

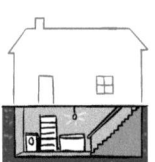

podval

подвал

sauna

сауна

balkon

болохона айвони

ayvon

айвон

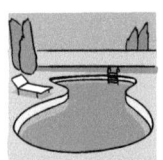

basseyn

бассейн

oʻt oʻrgich mashina

ўт ўргич машина

koʻrpajild

кўрпажилд

choyshab

чойшаб

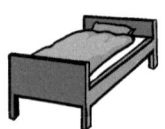

krovat

кроват

supurgi

супурги

paqir

пақир

murvat

мурват

uy - уй

mehmonxona
меҳмонхона

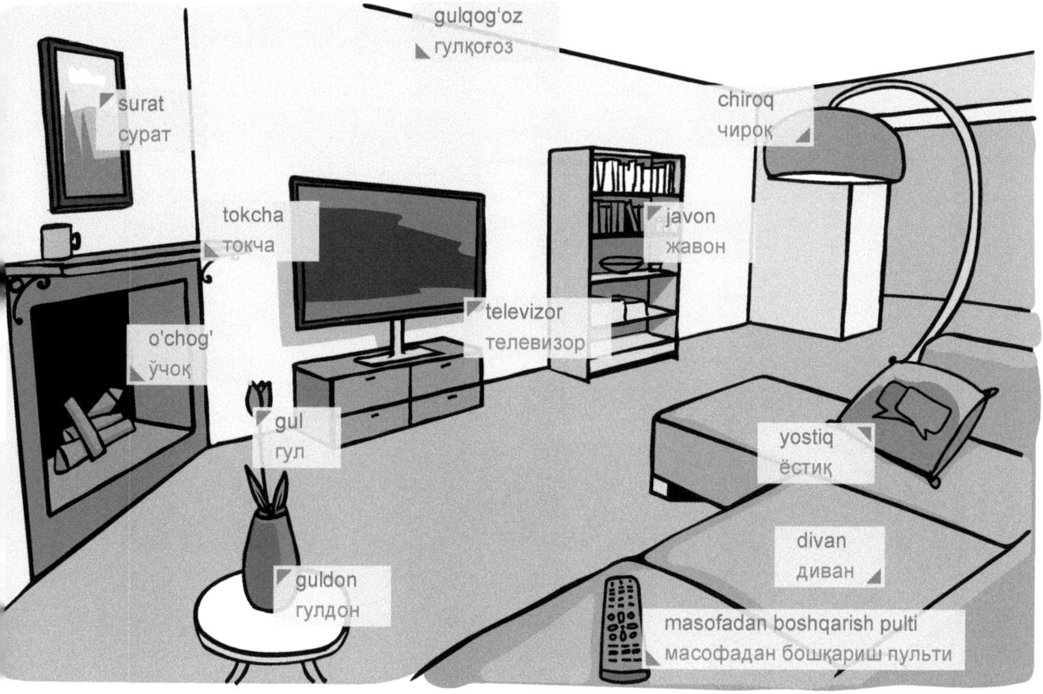

- surat — сурат
- gulqog'oz — гулқоғоз
- chiroq — чироқ
- tokcha — токча
- javon — жавон
- o'chog' — ўчоқ
- televizor — телевизор
- gul — гул
- yostiq — ёстиқ
- guldon — гулдон
- divan — диван
- masofadan boshqarish pulti — масофадан бошқариш пульти

gilam
гилам

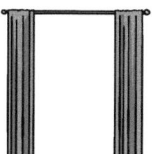

parda
парда

stol
стол

stul
стул

tebranma kursi
тебранма курси

kreslo
кресло

kitob
китоб

ko'rpa
кўрпа

hasham
ҳашам

o'tin
ўтин

kino
кино

stereo qurilma
стерео қурилма

kalit
калит

gazeta
рўзнома

rasm
расм

plakat
плакат

radio
радио

yon daftar
ён дафтар

chang yutgich
чанг ютгич

kaktus
кактус

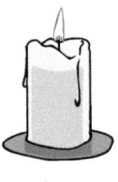
sham
шам

mehmonxona - меҳмонхона

oshxona
ошхона

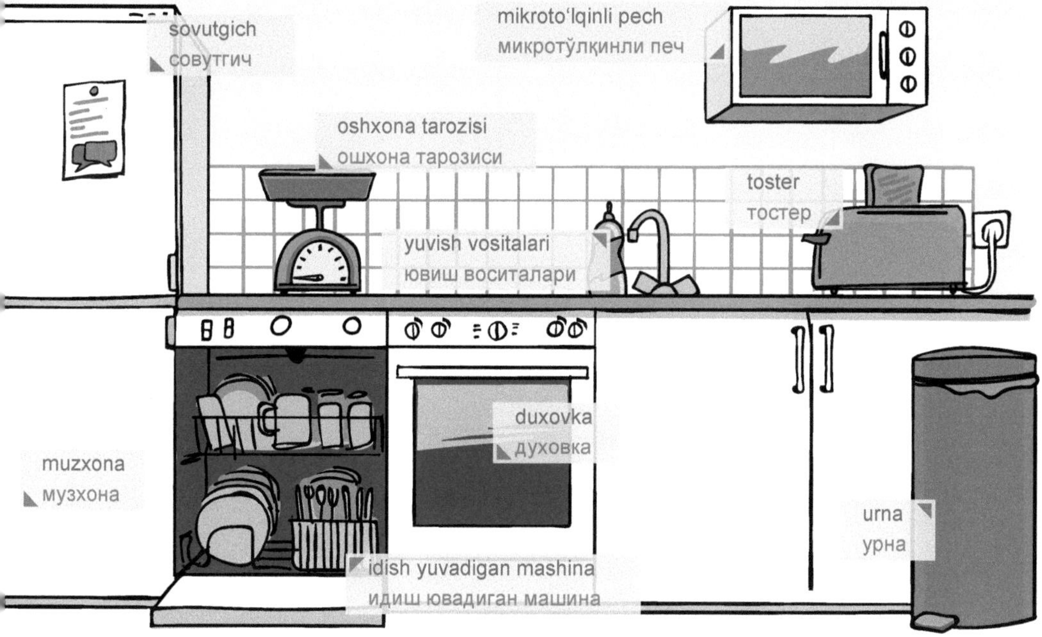

- sovutgich / совутгич
- mikroto'lqinli pech / микротўлқинли печ
- oshxona tarozisi / ошхона тарозиси
- yuvish vositalari / ювиш воситалари
- toster / тостер
- muzxona / музхона
- duxovka / духовка
- urna / урна
- idish yuvadigan mashina / идиш ювадиган машина

plita
плита

kastryul
кастрюль

cho'yan qozon
чўян қозон

bo'rtma tubli tova
бўртма тубли това

tova
това

chovgun
човгун

mantiqasqon

мантиқасқон

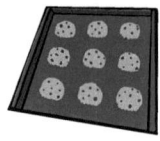

tunuka tova

тунука това

chinni idish

идиш

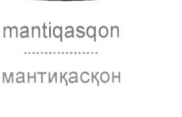

krushka

кружка

kosa

коса

taom yeyish tayoqchalari

таом ейиш таёқчалари

choʻmich

чўмич

kurakcha

куракча

koʻpirtirgich

кўпиртиргич

chovli

элак

elak

элак

qirgʻich

қирғич

hovoncha

ҳовонча

gril

гриль

olov

олов

oshxona - ошхона

oshtaxta

оштахта

juva

жува

parmasimon tiqin ochgich

пармасимон тиқин очгич

konserva

консерва

konserva ochgich

консерва очгич

tutgich

тутгич

unitaz

унитаз

idish cho'tka

идиш чўтка

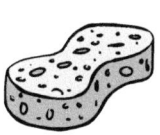

qozonsochiq

қозонсочиқ

qorishtirgich

қориштиргич

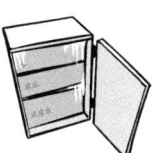

muzlatgich

музлатгич

so'rg'ichli chaqaloq butilkasi

сўрғичли чақалоқ бутилкаси

kran

кран

oshxona - ошхона

vannaxona
ваннахона

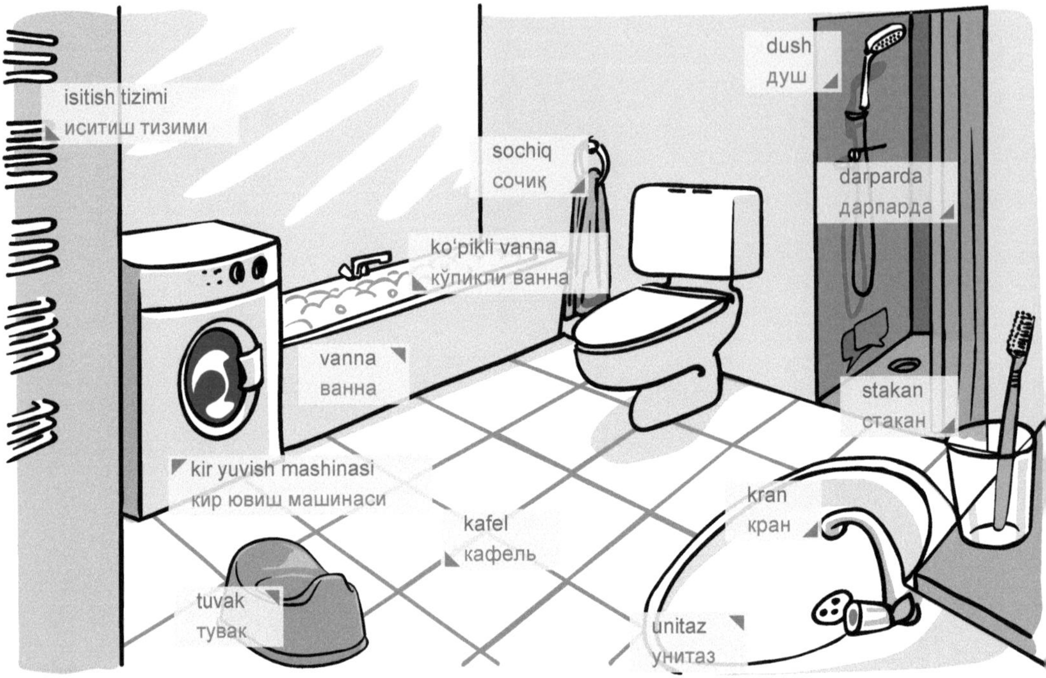

- dush / душ
- isitish tizimi / иситиш тизими
- sochiq / сочиқ
- ko'pikli vanna / кўпикли ванна
- darparda / дарпарда
- vanna / ванна
- stakan / стакан
- kir yuvish mashinasi / кир ювиш машинаси
- kran / кран
- kafel / кафель
- tuvak / тувак
- unitaz / унитаз

hojatxona

ҳожатхона

polga o'rnatiladigan unitaz

полга ўрнатиладиган унитаз

tahoratdon

таҳоратдон

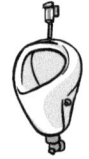

siydik unitazi

сийдик унитази

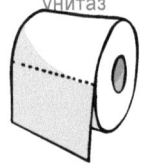

hojatxona qog'ozi

ҳожатхона қоғози

hojatxona cho'tkasi

ҳожатхона чўткаси

tish cho'tka
тиш чўтка

tish pastasi
тиш пастаси

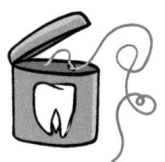

tish tozalagich ip
тиш тозалагич ип

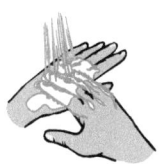

yuvmoq
ювмоқ

dastakli dush
дастакли душ

tahorat uchun dush
таҳорат учун душ

tog'ora
тоғора

yelka qashlaydigan cho'tka
елка қашлайдиган чўтка

sovun
совун

dush uchun gel
душ учун гель

shampun
шампунь

mochalka
мочалка

quvur
қувур

krem
крем

dezodorant
дезодарант

vannaxona - ваннахона

ku'zgu

кўзгу

qo'l ku'zgusi

қўл кўзгуси

ustara

устара

ustara uchun ko'pik

устара учун кўпик

salqinlantiruvchi balzam

салқинлантирувчи бальзам

taroq

тароқ

cho'tka

чўтка

fen

фен

soch uchun lak

соч учун лак

pardoz-andoz

пардоз-андоз

lab uchun pomada

лаб учун помада

tirnoq laki

тирноқ лаки

paxta

пахта

tirnoq qaychisi

тирноқ қайчиси

atir

духи

pardoz-andoz xaltasi — пардоз-андоз халтаси

kursi — курси

tarozi — тарози

cho'milish xalati — чўмилиш халати

rezina qo'lqop — резина қўлқоп

tampon — тампон

gigiyenik taglik — гигиеник таглик

biohojatxona — биоҳожатхона

bolalar xonasi
болалар хонаси

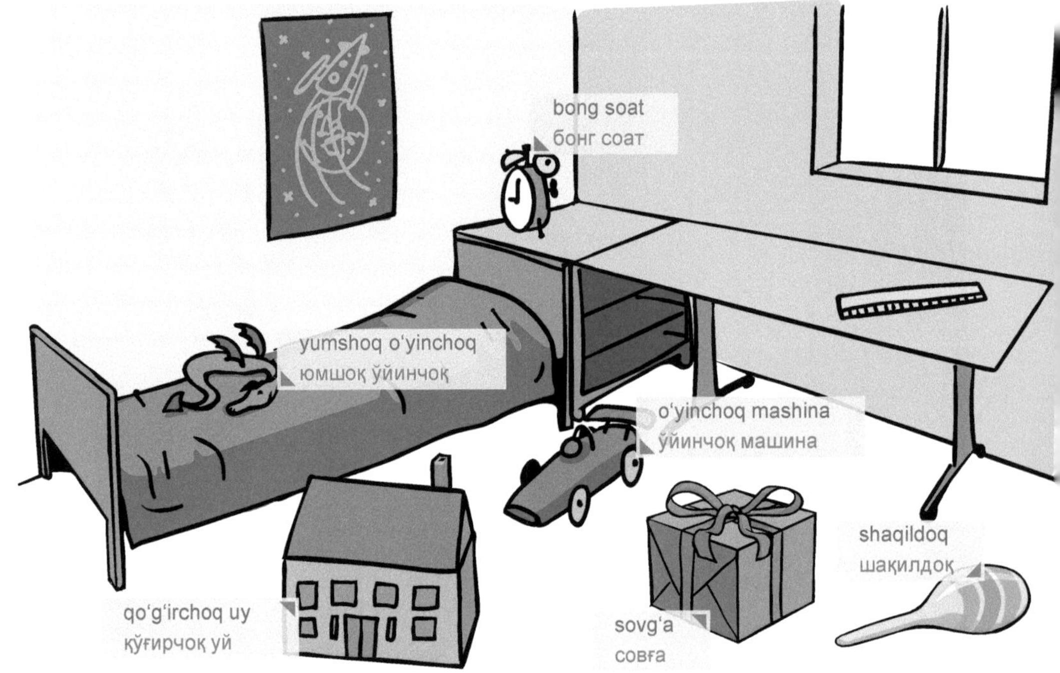

bong soat
бонг соат

yumshoq o'yinchoq
юмшоқ ўйинчоқ

o'yinchoq mashina
ўйинчоқ машина

shaqildoq
шақилдоқ

qo'g'irchoq uy
қўғирчоқ уй

sovg'a
совға

shar

шар

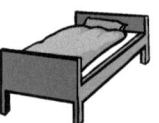

krovat

кроват

bolalar aravachasi

болалар аравачаси

karta to'plami

карта тўплами

terma tasvir

терма тасвир

kulgili sahna asari

кулгили саҳна асари

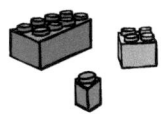

lego g'ishtlari

лего ғиштлари

o'yinchoq kubiklar

ўйинчоқ кубиклар

o'yinchoq qahramon

ўйинчоқ қаҳрамон

polzunka

ползунка

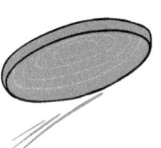

uchar likopcha

учар ликопча

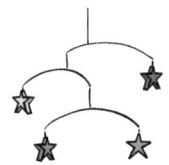

osma shaqildoq

осма шақилдоқ

stol o'yini

стол ўйини

oshiq

ошиқ

poyezd maketi

поезд макети

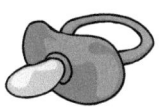

so'rg'ich

сўрғич

o'tirish

ўтириш

rasmli kitob

расмли китоб

koptok

копток

qo'g'irchoq

қўғирчоқ

o'ynamoq

ўйнамоқ

qumdon

қумдон

arg'imchoq

арғимчоқ

o'yinchoqlar

ўйинчоқлар

o'yin pristavkasi

ўйин приставкаси

uch g'ildirakli velosiped

уч ғилдиракли велосипед

baxmal ayiq

бахмал айиқ

kiyim shkafi

кийим шкафи

kiyim
кийим

paypoq

пайпоқ

chulki

чулки

kolgotka

колготка

sharf
шарф

soyabon
соябон

futbolka
футболка

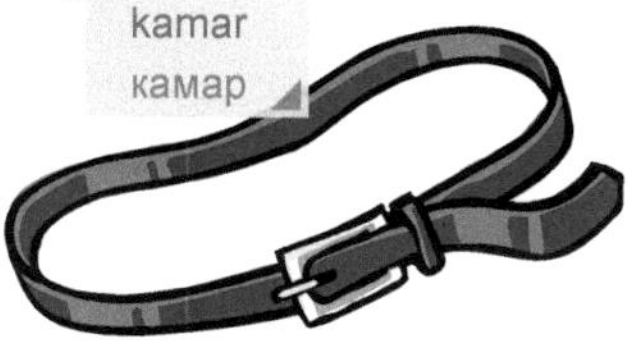

kamar
камар

botinka
ботинка

tapochka
тапочка

krossovka
кроссовка

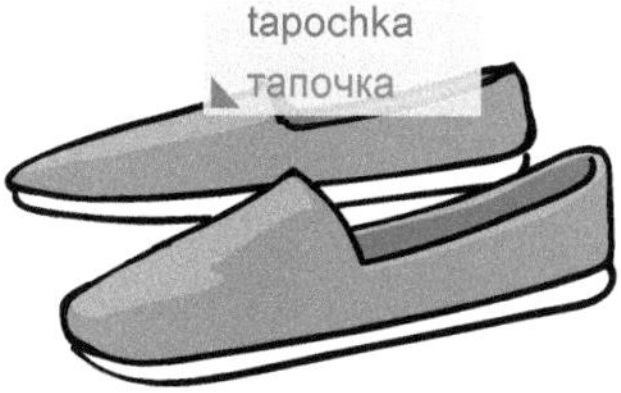

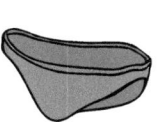

shippak
шиппак

tufli
туфли

rezina etik
резина этик

tor tursik
тор турсик

koʻkrakpech
кўкракпеч

mayka
майка

kiyim - кийим

bodi

боди

ishton

иштон

jinsi

жинси

yubka

юбка

kofta

кофта

koʻylak

кўйлак

jemper

жемпер

uzun chakmon

узун чакмон

sport bichimidagi pidjak

спорт бичимидаги пиджак

kurtka

куртка

palto

пальто

plash

плаш

libos

либос

koʻylak

кўйлак

kelin koʻylak

келин кўйлак

kostyum shim

костюм шим

tungi ko'ylak

тунги кўйлак

pijama

пижама

sari

сари

sholro'mol

шолрўмол

salla

салла

paranji

паранжи

chakmon

чакмон

abaya

абая

cho'milish kostyumi

чўмилиш костюми

tursik

турсик

shortik

шортик

sport kostyumi

спорт костюми

fartuk

фартук

qo'lqop

қўлқоп

tugma

тугма

ko'zoynak

кўзойнак

bilaguzuk

билагузук

munchoq

мунчоқ

uzuk

узук

sirg'a

сирға

kepka

кепка

palto ilgak

пальто илгак

shlyapa

шляпа

bo'yinbog'

бўйинбоғ

zamok

замок

dubulg'a

дубулға

shim tortgich

шим тортгич

maktab formasi

мактаб формаси

forma

форма

oshxo'rak
ошхўрак

so'rg'ich
сўрғич

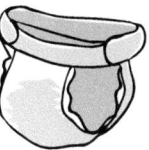
taglik
таглик

idora
идора

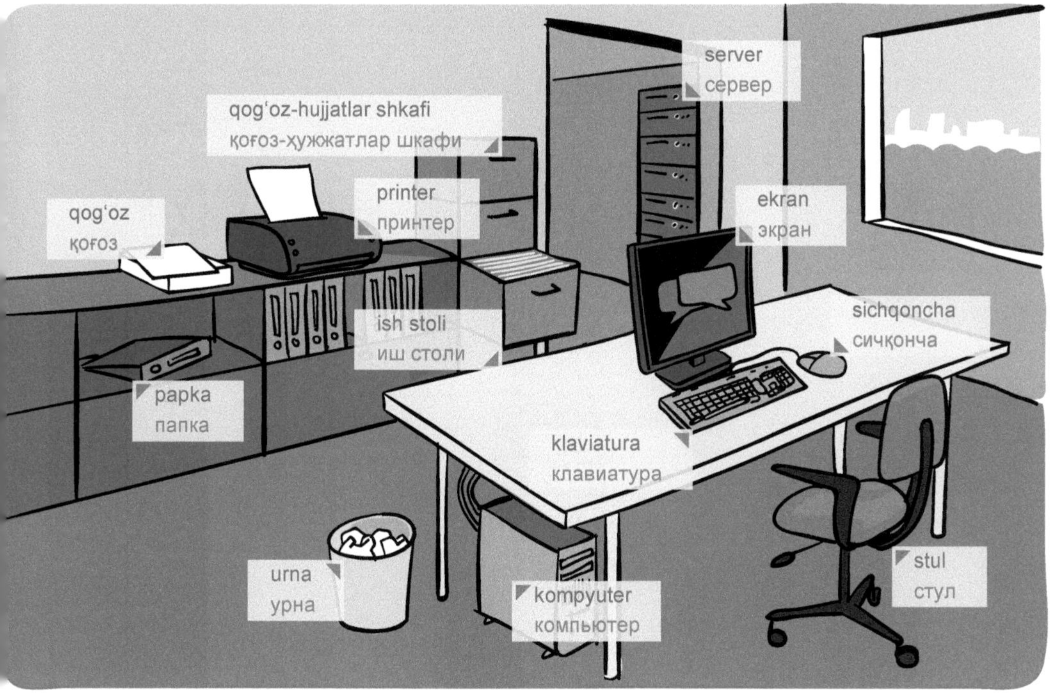

- server / сервер
- qog'oz-hujjatlar shkafi / қоғоз-ҳужжатлар шкафи
- qog'oz / қоғоз
- printer / принтер
- ekran / экран
- ish stoli / иш столи
- sichqoncha / сичқонча
- papka / папка
- klaviatura / клавиатура
- urna / урна
- kompyuter / компьютер
- stul / стул

kofe krujkasi
кофе кружкаси

kalkulyator
калькулятор

internet
интернет

noutbuk
ноутбук

xat
хат

maktub
мактуб

uyali telefon
уяли телефон

tarmoq
тармоқ

nusxa koʻchirgich
нусха кўчиргич

dastur
дастур

telefon
телефон

rozetka
розетка

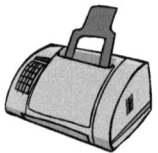
faks
факс

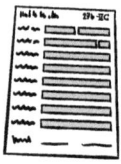
shakllar
шакллар

hujjat
хужжат

idora - идора

iqtisod
иқтисод

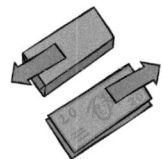
xarid qilmoq
харид қилмоқ

to'lamoq
тўламоқ

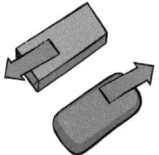
savdolashmoq
савдолашмоқ

pul
пул

dollar
доллар

yevro
евро

yyen
йен

rubl
рубль

shvetsar franki
швейцар франки

Jenminbi xitoy yuani
Жэньминьби хитой юани

rupi
рупи

bankomat
банкомат

pul ayirboshlash shahobchasi

пул айирбошлаш шаҳобчаси

oltin

олтин

kumush

кумуш

neft

нефт

energiya

энергия

narx

нарх

shartnoma

шартнома

soliq

солиқ

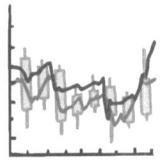

aktsiya

акция

ishlamoq

ишламоқ

ishchi

ишчи

ish beruvchi

иш берувчи

zavod

завод

do'kon

дўкон

iqtisod - иқтисод

kasblar
касблар

- politsiyachi / полициячи
- o't o'chiruvchi / ўт ўчирувчи
- oshpaz / ошпаз
- shifokor / шифокор
- uchuvchi / учувчи

bog'bon
боғбон

hakam
ҳакам

duradgor
дурадгор

kimyogar
кимёгар

tikuvchi
тикувчи

aktyor
актёр

avtobus haydovchi
автобус ҳайдовчиси

taksi haydovchisi
такси ҳайдовчи

baliq ovlovchi
балиқчи

farrosh
фаррош

tom ustasi
том устаси

ofitsiant
официант

ovchi
овчи

bo'yoqchi
бўёқчи

nonvoyxona
нонвой

elektr ustasi
электр устаси

quruvchi
қурувчи

muhandis
муҳандис

qassob
қассоб

suvchi chilangar
сувчи чилангар

pochtachi
почтачи

askar

аскар

me'mor

меъмор

kassachi

ғазначи

gulchi

гулчи

sartarosh

сартарош

chiptachi

чиптачи

mexanik

механик

kapitan

капитан

tish shifokori

тиш шифокори

olim

олим

yaxudiylar ruhoniysi

яхудийлар руҳонийси

imom

имом

rohib

роҳиб

ruhiniy

руҳоний

kasblar - касблар

asboblar
асбоблар

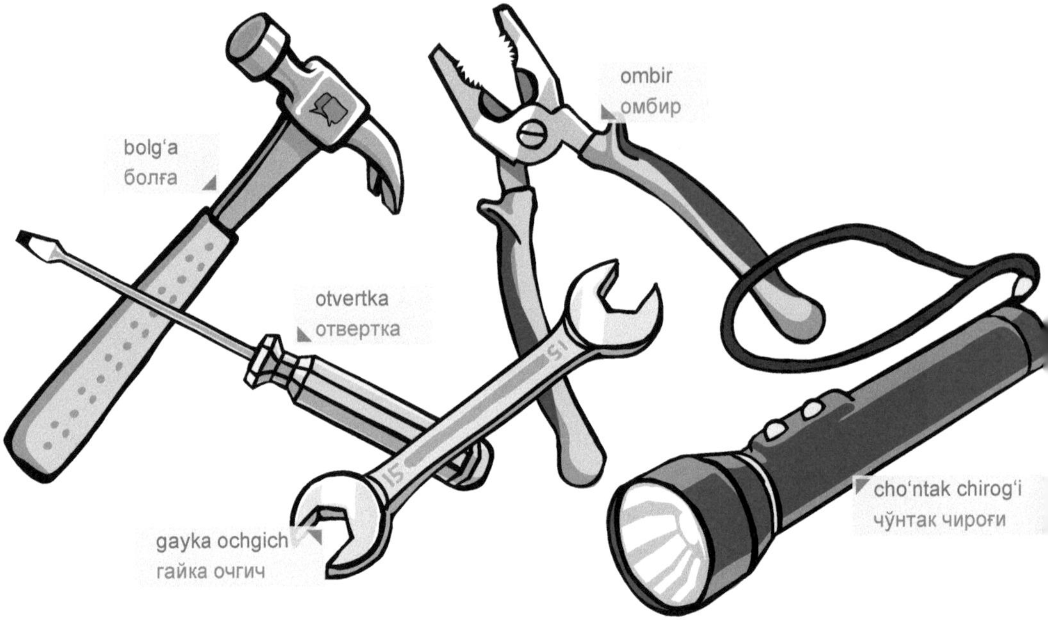

bolg'a / болға

ombir / омбир

otvertka / отвертка

gayka ochgich / гайка очгич

cho'ntak chirog'i / чўнтак чироғи

ekskavator
экскаватор

asboblar qutisi
асбоблар қутиси

narvon
нарвон

qo'larra
қўларра

mix
мих

parmadasta
пармадаста

asboblar - асбоблар

tuzatmoq
тузатмоқ

belkurak
белкурак

Jin ursin!
Жин урсин!

xokandoz
хокандоз

bo'yoq idish
бўёқ идиш

burama mix
бурама мих

musiqa asboblari
мусиқа асбоблари

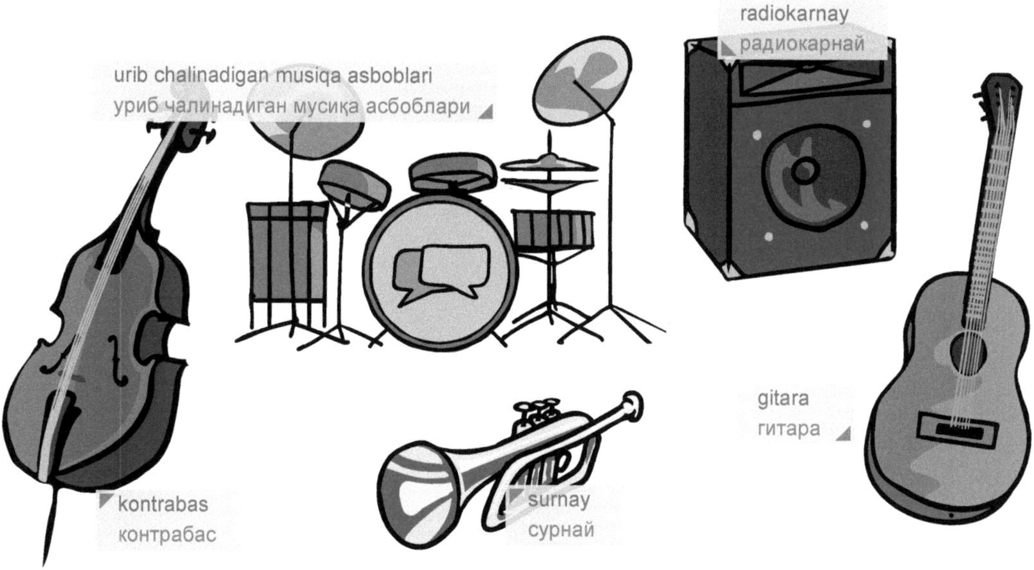

urib chalinadigan musiqa asboblari
уриб чалинадиган мусиқа асбоблари

radiokarnay
радиокарнай

kontrabas
контрабас

surnay
сурнай

gitara
гитара

pianino

пианино

g'ijjak

ғижжак

bas-gitara

бас-гитара

qo'shnog'ora

қўшноғора

do'mbira

дўмбира

klaviatura

клавиатура

saksofon

саксофон

nay

най

mikrofon

микрофон

hayvonot bog'i
ҳайвонот боғи

- arslon / арслон
- kirish / кириш
- qafas / қафас
- zebra / зебра
- yem / ем
- panda / панда

hayvonlar

ҳайвонлар

fil

фил

kenguru

кенгуру

karkidon

каркидон

gorilla

горилла

ayiq

айиқ

tuya

туя

tuyaqush

туяқуш

sher

шер

maymun

маймун

qizil g'oz

фламинго

to'ti

тўти

oq ayiq

оқ айиқ

pingvin

пингвин

akula

акула

tovus

товус

ilon

илон

timsoh

тимсоҳ

hayvonot bog'i qorovuli

ҳайвонот боғи қоровули

tyulen

тюлень

yaguar

ягуар

hayvonot bog'i - ҳайвонот боғи

to'pichoq ot

тўпичоқ от

qoplon

қоплон

begemot

бегемот

jirafa

жирафа

burgut

бургут

erkak cho'chqa

эркак чўчқа

baliq

балиқ

toshbaqa

тошбақа

morj

морж

tulki

тулки

ohu

оҳу

hayvonot bog'i - ҳайвонот боғи

sport o'yinlari
спорт ўйинлари

mashg'ulot
машғулот

- sakramoq / сакрамоқ
- kulmoq / кулмоқ
- quchmoq / қучмоқ
- kuylamoq / куйламоқ
- yurmoq / юрмоқ
- ibodat qilmoq / ибодат қилмоқ
- o'pmoq / ўпмоқ
- hayol qilmoq / хаёл қилмоқ

yozmoq
ёзмоқ

chizmoq
чизмоқ

ko'rsatmoq
кўрсатмоқ

itarmoq
итармоқ

bermoq
бермоқ

olmoq
олмоқ

ega bo'lmoq

эга бўлмоқ

bajarmoq

бажармоқ

bo'lmoq

бўлмоқ

turmoq

турмоқ

yugurmoq

югурмоқ

tortmoq

тортмоқ

uloqtirmoq

улоқтирмоқ

yiqilmoq

йиқилмоқ

aldamoq

алдамоқ

kutmoq

кутмоқ

tashimoq

ташимоқ

o'tirmoq

ўтирмоқ

kiyinmoq

кийинмоқ

uxlamoq

ухламоқ

uyg'onmoq

уйғонмоқ

qaramoq

қарамоқ

yig'lamoq

йиғламоқ

zarba bermoq

зарба бермоқ

taramoq

тарамоқ

gaplashmoq

гаплашмоқ

tushunmoq

тушунмоқ

so'ramoq

сўрамоқ

tinglamoq

тингламоқ

ichmoq

ичмоқ

yemoq

емоқ

yig'ishtirmoq

йиғиштирмоқ

sevmoq

севмоқ

pishirmoq

пиширмоқ

haydamoq

ҳайдамоқ

uchmoq

учмоқ

mashg'ulot - машғулот

kemada suzmoq
кемада сузмоқ

sanamoq
ҳисобламоқ

o'qimoq
ўқимоқ

o'rganmoq
ўрганмоқ

ishlamoq
ишламоқ

turmush qurmoq
турмуш қурмоқ

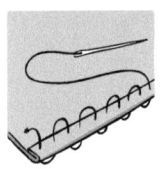
tikmoq
тикмоқ

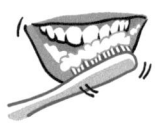
tish yuvmoq
тиш ювмоқ

o'ldirmoq
ўлдирмоқ

chekmoq
чекмоқ

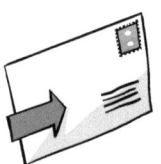
yo'llamoq
йўлламоқ

oila
оила

buvi
буви

buva
бува

ota
ота

ona
она

chaqaloq
чақалоқ

qiz
қиз

o'g'il
ўғил

mehmon

меҳмон

amma

амма

tog'a

тоға

aka

ака

opa

опа

tana
тана

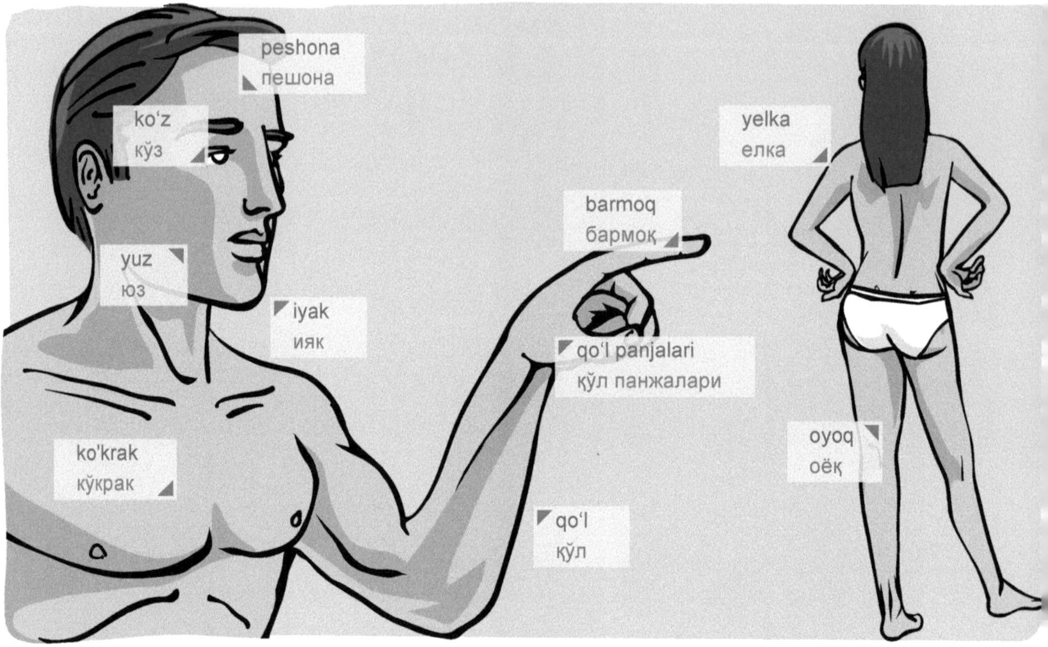

peshona — пешона
ko'z — кўз
yuz — юз
ko'krak — кўкрак
iyak — ияк
yelka — елка
barmoq — бармоқ
qo'l panjalari — қўл панжалари
qo'l — қўл
oyoq — оёқ

chaqaloq

чақалоқ

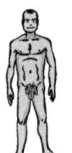

odam

одам

ayol

аёл

qiz bola

қиз бола

o'g'il bola

ўғил бола

bosh

бош

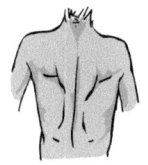

orqa

орқа

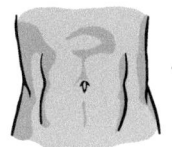

qorin

қорин

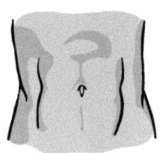

kindik

киндик

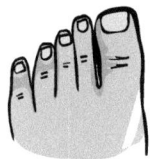

oyoq barmoqlari

оёқ панжаси

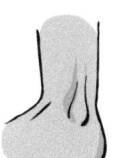

tovon

товон

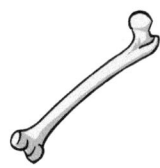

suyak

суяк

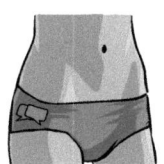

bel

бел

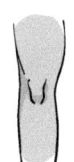

tizza

тизза

tirsak

тирсак

burun

бурун

dumba

думба

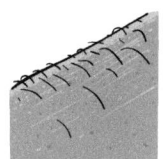

teri

тери

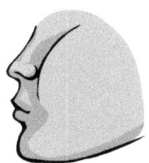

yanoq

яноқ

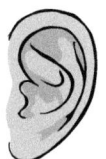

quloq

қулоқ

lab

лаб

og'iz

оғиз

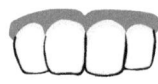

tish

тиш

til

тил

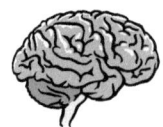

miya

мия

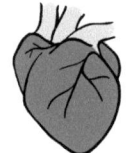

yurak

юрак

mushak

мушак

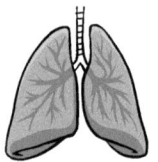

o'pka

ўпка

jigar

жигар

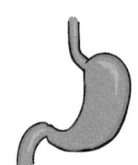

oshqozon

ошқозон

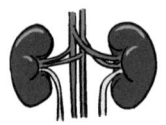

buyrak

буйрак

jinsiy aloqa

жинсий алоқа

prezervativ

презерватив

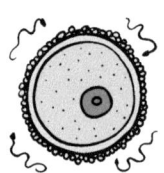

tuxum ho'jayra

тухум хўжайра

urug'

уруғ

homiladorlik

ҳомиладорлик

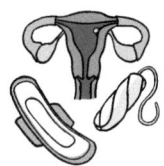
hayz
ҳайз

bachadon
бачадон

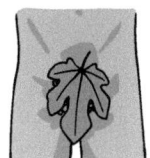
olat
олат

qosh
қош

soch
соч

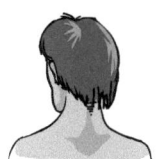
bo'yin
бўйин

shifoxona
шифохона

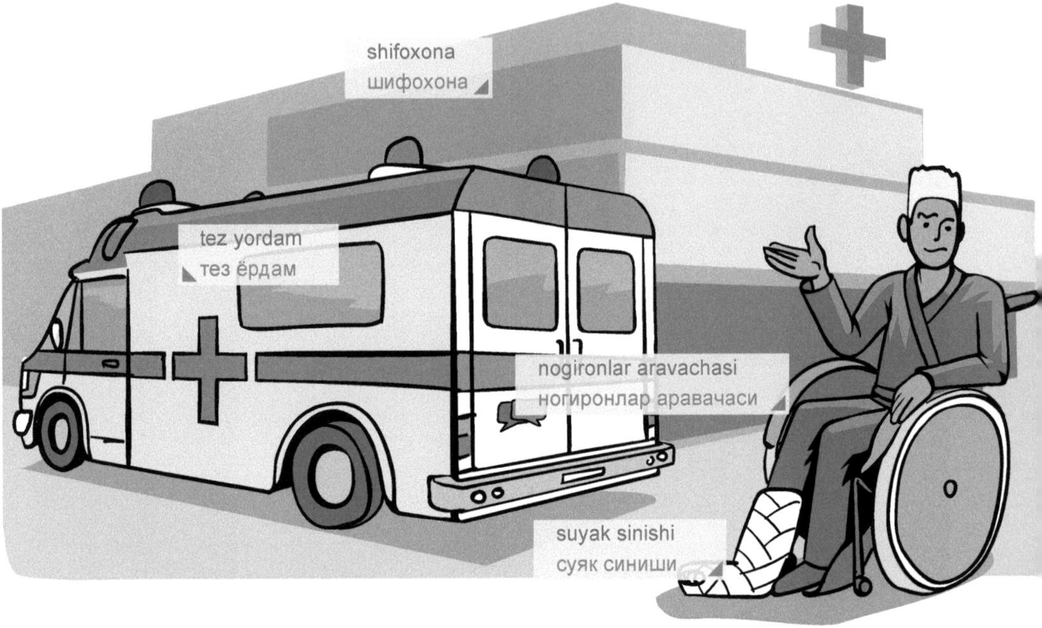

- shifoxona / шифохона
- tez yordam / тез ёрдам
- nogironlar aravachasi / ногиронлар аравачаси
- suyak sinishi / суяк синиши

shifokor

шифокор

Shoshilich tibbiy yordam ko'rsatish bo'limi

Шошилинч тиббий ёрдам кўрсатиш бўлими

hamshira

ҳамшира

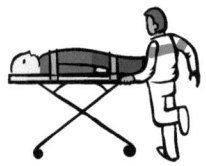

tez yordam

тез ёрдам

hushsizlik

ҳушсизлик

og'riq

оғриқ

jarohat
жароҳат

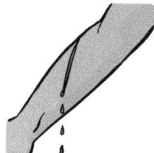
qonash
қонаш

yurak xuruji
юрак хуружи

insulьt
инсульт

allergiya
аллергия

yo'tal
йўтал

isitma
иситма

tumov
тумов

ichburug'
ич кетиш

bosh og'rig'i
бош оғриғи

saraton kasalligi
саратон касали

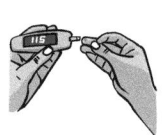
qandli diabet
қандли диабет

jarroh
жарроҳ

jarroh pichog'i
жарроҳ пичоғи

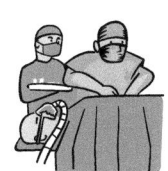
jarrohlik amaliyoti
жарроҳлик амалиёти

shifoxona - шифохона

tomografiya

томография

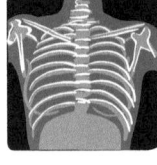

rentgen

рентген

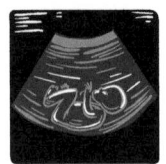

ultratovush tekshiruvi

ултратовуш текшируви

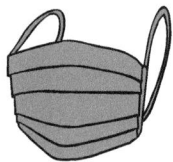

yuz niqobi

юз ниқоби

kasallik

касаллик

qabulxona

қабулхона

qo'ltiqtayoq

қўлтиқтаёқ

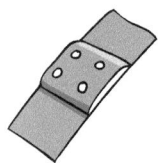

malhamli plastir

малҳамли пластир

bint

бинт

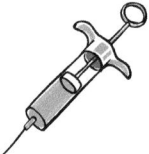

ukol

укол

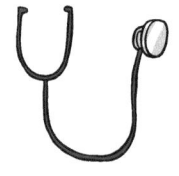

yurak urushini va o'pkani
eshitib ko'radigan asbob

юрак урушини ва ўпкани
эшитиб кўрадиган асбоб

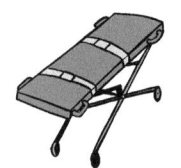

bemorlar uchun zambil

беморлар учун замбил

termometr

термометр

tug'ruq

туғруқ

semizlik

семизлик

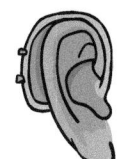
eshitish moslamasi
эшитиш мосламаси

dezinfektsiyalovchi vosita
дезинфекцияловчи восита

infektsiya
инфекция

virus
вирус

OIV / OITS
ОИВ / ОИТС

dori
дори

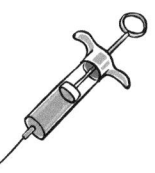
emlash
эмлаш

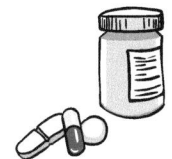
tabletka
таблетка

dori
дори

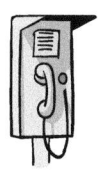
tez yordam qo'ng'irog'i
тез ёрдам қўнғироғи

qon bosimini o'lchash asbobi
қон босимини ўлчаш асбоби

kasal / sog'lom
касал / соғлом

shifoxona - шифохона

tez yordam
тез ёрдам

Yordamga!

Ёрдам беринглар!

xavf-xatar ishorasi

хавф-хатар ишораси

tajovuz

тажовуз

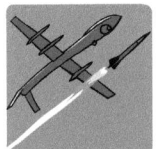

hujum

ҳужум

xavf

хавф

favqulodda holatlarda chiqish eshigi

фавкулодда ҳолатларда чиқиш эшиги

Yong'in

Ёнғин!

o't o'chirgich

ўт ўчиргич

falokat

фалокат

birinchi tibbiy yordam to'plami

биринчи тиббий ёрдам тўплами

falokat signali

фалокат сигнали

politsiya

полиция

yer
Ер

Yevropa

Европа

Shimoliy Amerika

Шимолий Америка

Janubiy Amerika

Жанубий Америка

Afrika

Африка

Osiyo

Осиё

Avstraliya

Австралия

Anlantika okeani

Атлантик океани

Tinch okeani

Тинч океани

Hind okeani

Ҳинд океани

Antarktida okeani

Антарктида океани

Arktika okeani

Арктика океани

Shimoliy qutb

Шимолий қутб

Janubiy qutb — Antarktika — yer
Жанубий қутб — Антарктика — Ер

oʻlka — dengiz — orol
ўлка — денгиз — орол

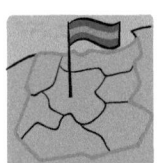 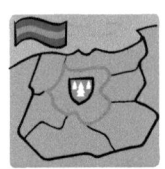

millat — davlat
миллат — давлат

soat
соат

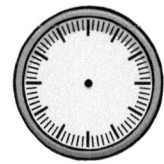

astronomik vaqt ko'rsatgichi

астрономик вақт кўрсатгичи

soat mili

соат мили

daqiqa mili

дақиқа мили

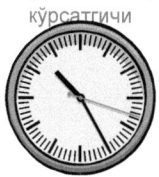

lahza mili

сония мили

Soat necha?

Соат неча?

kun

кун

vaqt

вақт

hozir

ҳозир

raqamli soat

рақамли соат

daqiqa

дақиқа

soat

соат

xafta
хафта

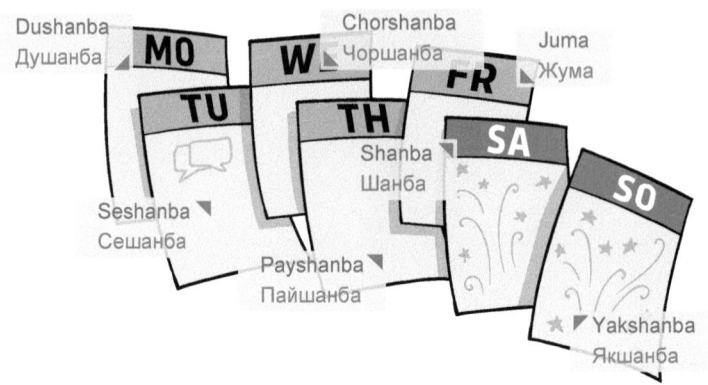

kecha
кеча

bugun
бугун

ertaga
эртага

ertalab
эрталаб

peshin
пешин

kechqurun
кечкурун

ish kunlari
иш кунлари

dam olish kunlari
дам олиш кунлари

yil
йил

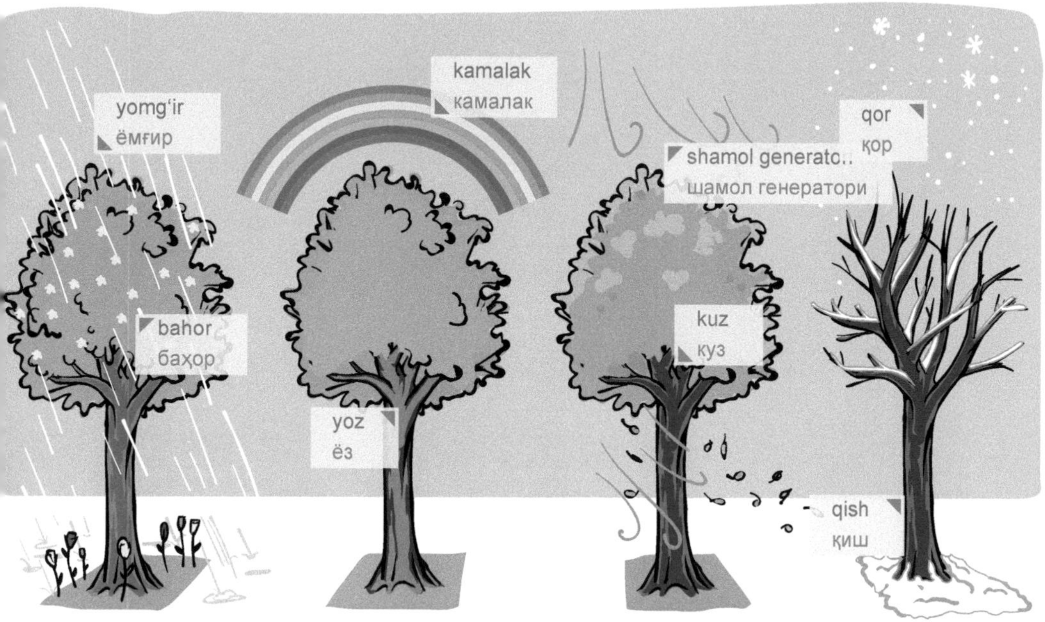

yomgʻir
ёмғир

kamalak
камалак

qor
қор

bahor
баҳор

shamol generatori
шамол генератори

yoz
ёз

kuz
куз

qish
қиш

ob-havo maʼlumoti

об-ҳаво маълумоти

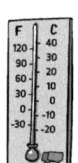

termometr

термометр

quyoshli

қуёшли

bulut

булут

tuman

туман

namgarchilik

намгарчилик

chaqmoq

чақмоқ

momoqaldiroq

момоқалдироқ

bo'ron

бўрон

do'l

дўл

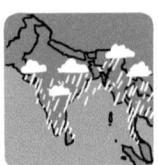

namgarchilik mavsumi

намгарчилик мавсуми

toshqin

тошқин

muz

муз

Yanvar

Январь

Fevral

Февраль

Mart

Март

Aprel

Апрель

May

Май

Iyun

Июнь

Iyul

Июль

Avgust

Август

yil - йил

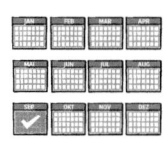
Sentyabr
Сентябрь

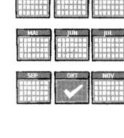
Oktyabr
Октябрь

Noyabr
Ноябрь

Dekabr
Декабрь

shakllar
шакллар

aylana
айлана

kvadrat
квадрат

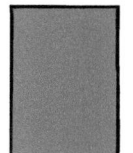
to'rtburchak
тўртбурчак

uchburchak
учбурчак

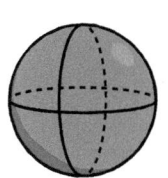
doira
доира

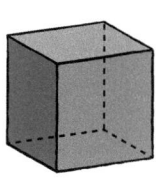
kub
куб

shakllar - шакллар

ranglar
ранглар

oq

оқ

sariq

сариқ

sabzi rang

сабзи ранг

pushti

пушти

qizil

қизил

toʻq qizil

тўқ қизил

koʻk

кўк

yashil

яшил

jigar rang

жигар ранг

kul rang

кул ранг

qora

қора

qarama-qarshi ma'noli so'zlar
қарама-қарши маъноли сўзлар

ko'p / oz

кўп / оз

g'azabli / xotirjam

ғазабли / хотиржам

go'zal / xunuk

гўзал / хунук

boshi / oxiri

боши / охири

katta / kichik

катта / кичик

yorug' / qorong'u

ёруғ / қоронғу

aka / singil

ака / сингил

toza / iflos

тоза / ифлос

to'liq / chala

тўлиқ / чала

kun / tun

кун / тун

o'lik / tirik

ўлик / тирик

keng / tor

кенг / тор

yesa bo'ladigan / yesa bo'lmaydigan

еса бўладиган / еса бўлмайдиган

yovuz / xayrli

ёвуз / хайрли

hayajonli / zerikarli

ҳаяжонли / зерикарли

semik / oriq

семиз / озғин

birinchi / oxirgi

биринчи / охирги

do'st / dushman

дўст / душман

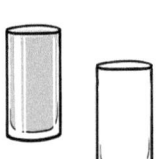

to'la / bo'sh

тўла / бўш

qattiq / yumshoq

қаттиқ / юмшоқ

og'ir / yengil

оғир / енгил

ochlik / chanqov

очлик / чанқов

kasal / sog'lom

касал / соғлом

noqonuniy / qonuniy

ноқонуний / қонуний

ziyoli / kaltafahm

зиёли / калтафаҳм

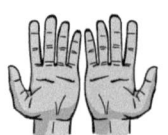

chap / o'ng

чап / ўнг

yaqin / uzoq

яқин / узоқ

yangi / ishlatilgan

янги / ишлатилган

hech narsa / bir narsa

ҳеч нарса / бир нарса

qari / yosh

қари / ёш

yoniq / o'chiq

ёниқ / ўчиқ

ochiq / yopiq

очиқ / ёпиқ

past / baland

паст / баланд

boy / kambag'al

бой / камбағал

to'g'ri / noto'g'ri

тўғри / нотўғри

notekis / tekis

нотекис / текис

xafa / xursand

хафа / хурсанд

qisqa / uzun

қисқа / узун

sekin / tez

секин / тез

nam / quruq

нам / қуруқ

iliq / salqin

илиқ / салқин

urush / tinchlik

уруш / тинчлик

qarama-qarshi ma'noli so'zlar - қарама-қарши маъноли сўзлар

raqamlar
рақамлар

0 — nol / ноль

1 — bir / бир

2 — ikki / икки

3 — uch / уч

4 — toʻrt / тўрт

5 — besh / беш

6 — olti / олти

7 — yetti / етти

8 — sakkiz / саккиз

9 — toʻqqiz / тўққиз

10 — oʻn / ўн

11 — oʻn bir / ўн бир

12
o'n ikki
ўн икки

13
o'n uch
ўн уч

14
o'n to'rt
ўн тўрт

15
o'n besh
ўн беш

16
o'n olti
ўн олти

17
o'n yetti
ўн етти

18
o'n sakkiz
ўн саккиз

19
o'n to'qqiz
ўн тўққиз

20
yigirma
йигирма

100
yuz
юз

1.000
ming
минг

1.000.000
million
миллион

raqamlar - рақамлар

tillar
тиллар

Ingliz

Инглиз

Amerikacha ingliz tili

Америкача инглиз тили

Xitoy tilining Mandarin lahchasi

Хитой тилининг Мандарин лаҳчаси

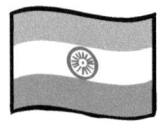

Hind

Ҳинд

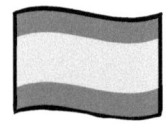

Ispan

Испан

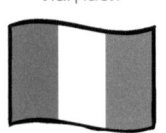

Frantsuz

Француз

Arab

Араб

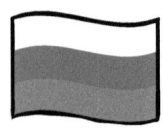

Rus

Рус

Portugal

Португал

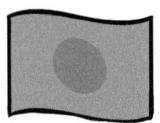

Bengal

Бенгал

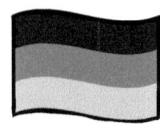

Nemis

Немис

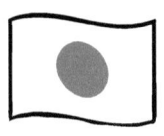

Yapon

Япон

kim / nima / qanday
ким / нима / қандай

Men | Sen | u / u / u
Мен | Сен | у / у / у

biz | sizlar | ular
биз | сизлар | улар

kim? | nima? | qanday?
ким? | нима? | қандай?

qayerda? | qachon? | ism
қаерда? | қачон? | исм

qayerda
қаерда

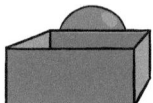

orqada

орқада

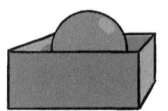

ichida

ичида

oldida

олдида

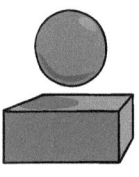

uzra

узра

ustida

устида

tagida

тагида

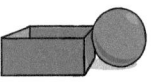

yonida

ёнида

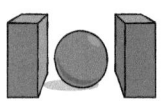

o'rtasida

ўртасида

joy

жой